Glanzvolle Ketten

Wenn Sie außergewöhnlichen Schmuck lieben, dann ist dieses Buch genau das Richtige für Sie. Denn hier finden Sie wunderschöne Ketten und mehr, die Sie aus Draht und den verschiedensten Perlen selber häkeln oder drehen können. Das besonders Reizvolle der hier gezeigten Ideen liegt in der Kombination von Glasperlen, farbigem Draht und, bei manchen Ketten, Satinblüten. Die gezeigten Schmuckstücke können Sie auch nach Ihren Wünschen abwandeln. Stöbern Sie z. B. auf Flohmärkten, dort kann man ausgefallene Perlen finden.

Und wenn Sie sich von Ihrem selbst gefertigten Schmuckstück trennen können, dann haben Sie ein wunderschönes und wertvolles Unikat zum Verschenken.

Die Motive lassen sich in folgende Schwierigkeitsgrade unterteilen:

● ○ ○ einfach ● ● ○ etwas schwieriger ● ● ● anspruchsvoll

DIE WICHTIGSTEN MATERIALIEN

- **Glasschliff-Perlen** in verschiedenen Größen und Farben
- **Kristall-Schliffperlen von Swarovski®** haben einen besonders präzisen Schliff, durch den sie wie Diamanten schimmern.
- **Rocailles** sind kleinere Glasperlen ohne Schliff. Sie sind transparent, matt oder irisierend.
- **Renaissance-Glas-Wachsperlen** ähneln echten Perlen zum Verwechseln.
- **Schmuckdraht** mit einem Durchmesser von 0,3 mm - 0,5 mm in verschiedenen Farben

Hinweis: Schmuckdraht ist elastisch. Bei zu festem Ziehen und Drehen kann er aber brechen.

- **Karabinerverschlüsse** in Gold oder Silber
- **Quetschkalotten** werden zum Anbringen von Verschlüssen benötigt.
- **Ringel** sind rund oder oval sowie in Gold und Silber erhältlich.
- **Prismenstifte** sind Drahtstifte mit einem Köpfchen.
- **Sicherheitsnadeln** zum Fixieren der Stränge während des Arbeitens
- evtl. **Satinblüten**

Hinweis: Alle Mengenangaben für Perlen sind Mittelwerte. Die tatsächlich verbrauchte Menge richtet sich nach der individuellen Größe der Luftmaschen, der Länge der Kette und der gewünschten Anzahl der Perlen pro Masche.

Hilfsmittel

Häkelnadel
Alle im Buch gezeigten Ketten wurden mit einer Häkelnadel mit der Stärke 3,5 gehäkelt. So werden die Schmuckstücke schön luftig. Je dicker die Nadel, umso größer werden die Maschen. Probieren Sie aus, mit welcher Nadelstärke Sie am besten zurechtkommen.

Nähnadel
Zum Annähen der Blüten

Kneifzange
Zum Durchtrennen von Draht

Flachzange
Zum Zusammendrücken von Quetschkalotten, zum Öffnen und Schließen von Ringeln und Verknoten von Drahtenden

Rundzange
Sie wird für das Biegen von Ösen benutzt.

Alleskleber
Zum Verkleben von Drahtenden in Kalotten

Textilkleber
Zur Herstellung von Satinblüten

Evtl. Decke
Eine kleine Decke dient als Arbeitsunterlage und verhindert das Wegrollen der Perlen während des Auffädelns.

Schälchen
Zum Mischen und Aufbewahren der Perlen während des Arbeitens

So wird's gemacht

Häkelketten

Aus einem Drahtstrang

1 Die vorgegebenen Perlen in einem Schälchen mischen. Dann alle Perlen in willkürlicher Reihenfolge komplett auf den Draht auffädeln. Den Draht auf keinen Fall abschneiden, er wird während des Häkelns immer wieder von der Rolle nachgezogen! Die Perlen auf dem Draht etwas nach hinten schieben. TIPP: Ich arbeite folgendermaßen am liebsten: Eine Decke auf den Knien ausbreiten und die Perlen hineinschütten. Dann die Perlen nicht einzeln mit Daumen und Zeigefinger aufnehmen, sondern mit dem Draht aus der hohlen Hand aufnehmen, dabei „erwischen" Sie meist gleich mehrere.

2 Mit zwei Luftmaschen beginnen und in die zweite Luftmasche eine Sicherheitsnadel einhängen. Anschließend beim Häkeln der nächsten Luftmasche die erste Perle mit einhäkeln, dabei diese sozusagen in die Masche fallen lassen. In die folgende Luftmasche die nächste Perle einhäkeln. Darauf achten, locker zu häkeln. Mehrere kleinere Perlen können in einer Luftmasche eingearbeitet werden, große Perlen werden am besten einzeln eingearbeitet und manche Luftmaschen werden ohne Perlen gehäkelt. So erzielen Sie eine lebendige Wirkung der Ketten. So weiterarbeiten, bis die gewünschte Länge erreicht ist.

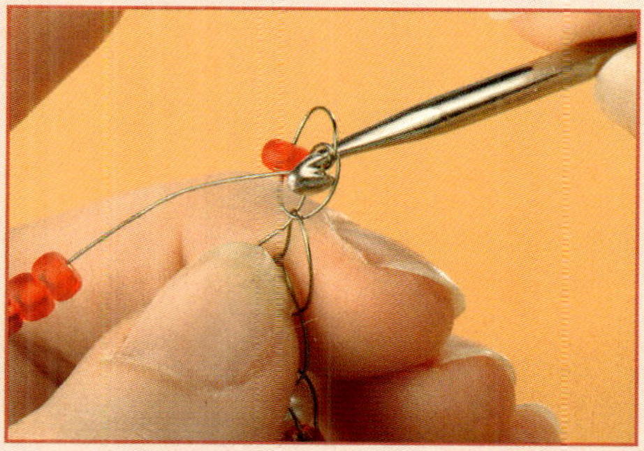

3 Eine Luftmasche häkeln, in diese eine zweite Sicherheitsnadel einhängen. Nun den zweiten Strang genauso wie den ersten arbeiten. Hat er die gewünschte Länge erreicht, eine Luftmasche häkeln und diese in die zuerst angebrachte Sicherheitsnadel einhängen. Die beiden Luftmaschen mit den Sicherheitsnadeln bilden das jeweilige Ende der Kette und man hätte jetzt eine zweireihige Kette. Für mehrere Reihen zwischen den Sicherheitsnadeln hin und her häkeln, bis die gewünschte Anzahl der Reihen erreicht ist. Zum Abschluss zwei Luftmaschen häkeln, den Draht abkneifen, zweimal durch die letzte Masche führen und festziehen. Auch die erste Luftmasche durch Verknoten festigen.

4 Zum Anbringen des Verschlusses an jedem Ende der Kette die Sicherheitsnadeln öffnen und die Luftmaschen in einen Ringel einhängen. Dann die Sicherheitsnadeln entfernen und jeweils einen zweiten Ringel einhängen. Anschließend den Karabinerverschluss einhängen und die Ringel schließen.

Tipp: **Zum Öffnen und Schließen der Ringel diese mit der Flachzange nach vorne und hinten aufbiegen.**

Aus mehreren Drahtsträngen

1 Hier werden mehrere separate Perlenstränge gearbeitet. Die Perlen wie unter Schritt 1, Seite 3 beschrieben auf den Draht auffädeln.

2 4 cm Draht stehen lassen, dann die Arbeit mit einer Luftmasche beginnen. Die Perlen wie auf Seite 3 beschrieben einhäkeln. Ist die gewünschte Länge des Stranges erreicht, eine Luftmasche arbeiten. 4 cm Draht stehen lassen, denn das Ende abschneiden. So die benötigte Anzahl an Strängen arbeiten.

3 Die fertigen Stränge der Länge nach geordnet aufeinander legen, dabei die großen oder besonders glitzernden Perlen ins Blickfeld rücken.

Hinweis: **Sollten Sie während des Arbeitens bemerken, dass die aufgefädelten Perlen nicht reichen, können Sie den Draht großzügig von der Rolle abschneiden und Perlen nachträglich auffüllen. Für einen fertig gehäkelten Strang benötigen Sie ungefähr die vierfache Länge an Draht.**

Die überstehenden Drähte an beiden Enden zu einem Strang zusammendrehen, auf gut 1,5 cm kürzen und das letzte Stückchen zu einem Knoten verzwirbeln. In eine Quetschkalotte etwas Klebstoff geben, den Knoten hineinlegen und die Kalotte mit der Flachzange durch Zudrücken schließen. Dabei nicht zu fest drücken, die Drähte könnten sonst durchtrennt werden. In die Ösen der Kalotten jeweils einen Ringel hängen. Den Karabinerverschluss in einen der beiden Ringel einhängen.

Tipp: **Falls ein Draht während des Arbeitens bricht, können Sie einfach einen neuen Draht ansetzen, indem Sie ihn mit einem Doppelknoten anknoten. Auf den Knoten können Sie dann eine Perle schieben.**

Gedrehte Ketten

1 Die angegebene Anzahl an Schmuckdrahtstücken in der jeweils angegebenen Länge zuschneiden. An einem Ende auf einer Länge von 1,5 cm zusammendrehen.

2 Nun auf je einen Draht einige Perlen (ca. acht) in beliebiger Reihenfolge auffädeln. Den Draht spannen und die erste Perle zwei- bis dreimal um die eigene Achse drehen, sodass ein ca. 1,5 mm langes „Ästchen“ entsteht. Nach maximal 1,5 cm die nächste Perle auf die gleiche Art anbringen.

Die Abstände zwischen den einzelnen Perlen sollten nicht größer als 1,5 cm sein.

3 Sind die ersten Perlen fixiert, weitere Perlen aufnehmen und anbringen. Ist die gewünschte Länge erreicht, den nächsten Draht auf die gleiche Art mit Perlen versehen. Die Drahtenden auf 3 cm kürzen und auf einer Länge von 1,5 cm zusammendrehen. Dann den Verschluss anbringen, siehe dazu Seite 4, Punkt 3.

Colliers mit Schmuckstein

1 Vier 80 cm lange Stücke Draht zuschneiden. Für jede Seite des Colliers zwei Drähte auf einer Länge von ca. 1,5 cm miteinander verdrehen.

2 Wie oben beschrieben die Perlen auf beide Drähte aufziehen und durch Verdrehen der Drähte fixieren, bis eine Länge von 25 cm erreicht ist. Ca. 8 cm Draht sollten noch übrig sein. Nun die beiden Perlenstränge locker vom oberen Ende ausgehend miteinander zu einem Strang verschlingen. Die unteren Drahtenden ohne Perlen durch die seitlichen Löcher im Kessel des Schmucksteins nach unten führen.

3 Für die zweite Seite des Colliers zwei weitere Stränge arbeiten, miteinander verschlingen und durch die beiden weiteren Löcher im Kessel nach unten führen. Einige Perlen auf die vier Drähte unterhalb des Schmucksteins fädeln und verdrehen. Die Drahtenden an einer unauffälligen Stelle hinter dem Schmuckstein miteinander verknoten und die Enden abscheiden. Nun den Verschluss anbringen, siehe dazu Seite 4, Punkt 3.

Satinblüten herstellen

1 Satinblüten geben den gezeigten Ketten das gewisse Etwas. Da im Handel Satinblüten in einer recht kleinen Farbauswahl angeboten werden, bietet es sich an, aus exakt passendem Satinband selbst Blüten herzustellen.

2 Für eine Blüte werden 7 cm Satinband, 1 cm breit, benötigt. Den ersten Zentimeter Band der Länge nach mit Textilkleber zusammenkleben und trocknen lassen. Diesen Zentimeter fest eindrehen. Er bildet den Mittelpunkt der Blüte.

3 Nun gemäß der Abbildung um die Längsachse des restlichen Bandes durch Drehungen nach außen die Blüte um die Mitte herum formen. Dabei zwischendurch zwei Mal mit Klebstoff fixieren.

4 Anschließend das Ende des Bandes auf der Unterseite der Blüte festkleben.

Tipp: Den Textilkleber nicht direkt aus der Tube aufbringen, sondern auf einem Blatt Papier leicht antrocknen lassen. Zum Auftragen z. B. das Köpfchen einer kleinen Häkelnadel benutzen.

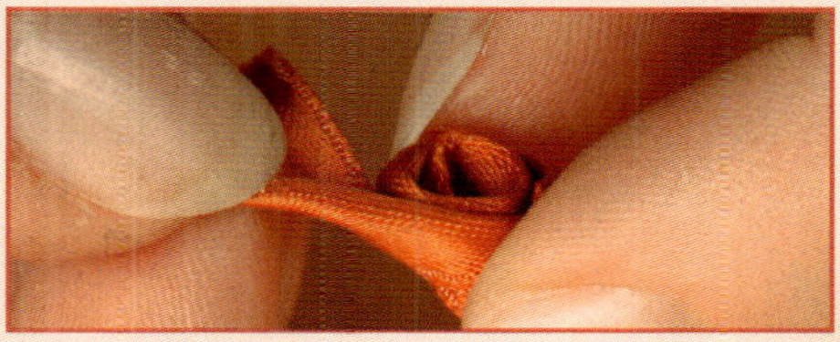

Kette in Grün-Türkis

→ frisch

KETTENLÄNGE
ca. 54 cm

TECHNIK
gehäkelt, mehrsträngig

MATERIAL
- 3 Glasschliff-Perlen in Kristall, ø 10 mm
- 4 Glasschliff-Perlen in Schwarz, irisierend, ø 8 mm
- 10 Facettenrandsteine in Hellgrün, ø 8 mm
- 7 Glasschliff-Perlen in Aquamarin, ø 6 mm
- 7 Glasschliff-Perlen in Smaragd, ø 6 mm
- 3 Glasschliff-Perlen in Hellgrün, ø 6 mm
- 4 runde Swarovski®-Perlen in Kristall, ø 6 mm
- 5 Glas-Tropfen in Hellblau, 5 mm lang
- 12 Glasschliff-Perlen in Schwarz, irisierend, ø 4 mm
- 50 Glas-Tropfen in Dunkelgrün, 4 x 3 mm
- 40 Glas-Tropfen in Hellblau, 4 x 3 mm
- ½ Teel. Rocailles in Türkis, mit Silbereinzug, ø 2 mm
- Schmuckdraht in Apfelgrün, ø 0,3 mm
- 2 runde Ringel in Silber, ø 8 mm
- 2 Quetschkalotten in Silber, ø 5 mm
- Karabinerverschluss in Silber, 13 mm lang

1 Gemäß der Anleitung auf Seite 3 die Perlen einhäkeln. Die fertigen vier Stränge sollten zwischen 40 und 50 cm lang sein.

2 Die großen Perlen einzeln einhäkeln, bei den kleineren Perlen können mehrere zusammen eingearbeitet werden.

3 Die Kette gemäß der Anleitung auf Seite 4 fertig stellen und den Verschluss anbringen, siehe Seite 4, Punkt 3.

4 Die großen Tropfen so drehen, dass sie nach außen zeigen und frei schaukeln können.

Tipp: **Es sieht toll aus, wenn Sie sich auf die gleiche Art ein zur Kette passendes Armband häkeln.**

Herbstfarben

→ Kette und Ohrringe

KETTENLÄNGE
ca. 50 cm

TECHNIK
gehäkelt, mehrsträngig

MATERIAL KETTE

- 5 Glas-Wachsperlen (Renaissance) in Dunkelgrün, ø 12 mm
- 4 Facettenrandsteine in Dunkelrot, ø 8 mm
- 5 runde Swarovski®-Perlen in Rubin, ø 6 mm
- 6 runde Swarovski®-Perlen in Granat, ø 6 mm
- 4 Glasschliff-Perlen in Dunkelrot, ø 6 mm
- 5 Glas-Wachsperlen (Renaissance) in Weiß, ø 6 mm
- 6 Glas-Tropfen in Rot, 5 mm lang
- 34 Rocailles in Dunkelgrün, mit Silbereinzug, ø 4 mm
- 22 Rocailles in Goldbraun, mit Silbereinzug, ø 4 mm
- ½ Teel. Indianerperlen in Rot, matt, ø 2,5 mm
- 30 Rocailles in Dunkelbraun, mit Silbereinzug, ø 2 mm
- ¼ Teel. Rocailles in Dunkelgrün, mit Silbereinzug, ø 2 mm
- ½ Teel. Rocailles in Hellgrün, mit Silbereinzug, ø 2 mm
- Schmuckdraht in Oliv, ø 0,3 mm
- 2 runde Ringel in Gold, ø 8 mm
- 2 Quetschkalotten in Gold, ø 5 mm
- Karabinerverschluss in Gold, 13 mm lang

OHRRINGE

- 2 Swarovski®-Schmuckelemente in Granat, Blüte, ø 15 mm
- 2 Glas-Wachsperlen (Renaissance) in Dunkelgrün, ø 12 mm
- 4 Rocailles in Rot, matt, ø 4 mm
- 4 Rocailles in Rot
- 2 Ohrhaken in Gold
- 2 Prismenstifte in Gold, ø 0,8 mm, 4 cm lang

Kette

1 Gemäß der Anleitung auf Seite 3 die Perlen einhäkeln. Die fertigen fünf Stränge sollten zwischen 40 und 45 cm lang sein.

2 Die großen Perlen einzeln einhäkeln, bei den kleineren Perlen können mehrere zusammen eingearbeitet werden.

Kette mit Blüten

→ passt zu vielem

KETTENLÄNGE
ca. 52 cm

TECHNIK
gehäkelt, mehrstängig

MATERIAL
- 5 Glas-Wachsperlen (Renaissance) in Smaragd, ø 12 mm
- 9 Facettenrandsteine in Hellgrün, ø 8 mm
- 8 Kultur-Wachsperlen, ø 8 mm
- 9 Glas-Schliffperlen in Oliv, irisierend, ø 6 mm
- 9 Glas-Tropfen in Oliv, 5 mm lang
- 50 Rocailles in Grün, mit Silbereinzug, ø 4 mm
- ½ Teel. Rocailles in Grün, mit Silbereinzug, ø 2 mm
- Satinband in Creme, 1 cm breit, 35 cm lang
- Nähgarn in Creme
- Schmuckdraht in Apfelgrün, ø 13 mm
- 2 Ringel in Silber, ø 8 mm
- 2 Quetschkalotten in Silber, ø 5 mm
- Karabinerverschluss in Silber, 13 mm lang

1 Die Perlen gemäß der Anleitung auf Seite 3 einhäkeln. Insgesamt vier zwischen 44 und 48 cm lange Stränge arbeiten.

2 Wie auf Seite 5 beschrieben aus je 7 cm Satinband fünf Blüten herstellen. Die Kette gemäß der Anleitung auf Seite 4 fertig stellen und den Verschluss anbringen (Seite 4, Punkt 3). Dann die Blüten mit Nähgarn auf die fertige Kette nähen.

WEITERFÜHRUNG

Herbstfarben

3 Die Kette gemäß der Anleitung auf Seite 4 fertig stellen und den Verschluss anbringen, siehe Seite 4, Punkt 3.

Ohrringe

Auf den Prismenstift die Perlen gemäß der Abbildung aufziehen. Das Ende mit der Rundzange zu einer Öse biegen, diese in die Öse am Ohrhaken einhängen.

Kette und Ohrringe in Eisblau

→ kühle Farbkombination

KETTENLÄNGE
ca. 54 cm

TECHNIK
gedreht

MATERIAL KETTE

- 5 Glasschliff-Perlen in Kristall, ø 10 mm
- 9 Krepp-Perlen in Hellblau, ø 8 mm
- 7 Polarisperlen in Hellblau, ø 8 mm
- 6 Swarovski®-Würfel in Kristall, 6 mm
- 12 Glasschliff-Perlen in Kristall, ø 6 mm
- 16 Glasschliff-Perlen in Aquamarin, ø 6 mm
- 14 Rocailles in Dunkelblau, satiniert, ø 5 mm
- 14 Rocailles in Mittelblau, satiniert, ø 5 mm
- 26 Rocailles in Kristall, matt, ø 4,5 mm
- 20 Glas-Wachsperlen (Renaissance) in Weiß, ø 4 mm
- ½ Teel. Rocailles in Kristall, mit Silbereinzug, ø 2 mm
- ½ Teel. Rocailles in Dunkelblau, ø 2 mm
- Schmuckdraht in Silber, ø 0,5 mm
- 2 runde Ringel in Silber, ø 8 mm
- 2 Quetschkalotten in Silber, ø 5 mm
- Karabinerverschluss in Silber, 13 mm lang

OHRRINGE

- 14 Rocailles in Hellblau, satiniert, ø 6 mm
- 4 Glasschliff-Perlen in Kristall, ø 6 mm
- 20 Rocailles in Kristall, ø 4,5 cm
- 10 Glas-Wachsperlen (Renaissance) in Weiß, ø 4 mm
- 52 Rocailles in Dunkelblau, ø 2 mm
- 18 Rocailles in Kristall, ø 2 mm
- 36 Rocailles in Hellblau, ø 2 mm
- 2 Ohrhaken aus Chirurgenstahl
- 14 Prismenstifte in Silber, ø 0,8 mm, 4 cm lang

Kette

1 Vier 200 cm lange Drahtstücke zuschneiden und die Stränge gemäß der Anleitung auf Seite 4/5 mit Perlen bestücken. Die fertigen Stränge sollten zwischen 46 und 50 cm lang sein.

2 Die großen Perlen einzeln fixieren. Kleinere Perlen können auch in Dreiergruppen angebracht werden.

3 Die Kette gemäß der Anleitung auf Seite 5 fertig stellen, dann den Verschluss anbringen, siehe Seite 4, Punkt 3.

Ohrringe

Für jeden Ohrring sieben Prismenstifte mit Perlen versehen. Das Ende mit der Rundzange zu einer Öse biegen. Alle Stifte in die Öse unten am Ohrhaken einhängen.

Blütenkette

→ mit passenden Ohrringen

KETTEN-LÄNGE
ca. 56 cm

TECHNIK
gehäkelt, einsträngig

MATERIAL KETTE

- 16 Wachsperlen in Weiß, matt, ø 6 mm
- 22 Glasschliff-Perlen in Grün, ø 6 mm
- 25 Glasschliff-Perlen in Capriorange, ø 6 mm
- 18 Glas-Tropfen in Grün, 5 mm lang
- 18 Glas-Tropfen in Hellgrün, 4 x 3 mm
- ½ Teel. Glas-Tropfen in Gelb, 4 x 3 mm
- 56 Glas-Wachsperlen (Renaissance) in Weiß, ø 4 mm
- 18 Rocailles in Braun, transparent, ø 4 mm
- ½ Teel. Rocailles in Gold, mit Silbereinzug, ø 2,6 mm
- 40 Wachsperlen in Weiß, ø 2 mm
- ½ Teel. Rocailles in Braun, mit Silbereinzug, ø 2 mm
- ¼ Teel. Rocailles in Dunkelgrün, mit Silbereinzug, ø 2 mm
- Satinband in Hellgrün, 1 cm breit, 50 cm lang
- Nähgarn in Grün
- Schmuckdraht in Oliv, ø 0,3 mm
- 4 runde Ringel in Gold, ø 8 mm
- Karabinerverschluss in Gold, 13 mm lang

OHRRINGE

- 2 Wachsperlen in Weiß, matt, ø 8 mm
- 2 Glas-Tropfen in Grün, 5 mm lang
- 4 Glas-Wachsperlen (Renaissance) in Weiß, ø 4 mm
- 8 Glas-Wachsperlen (Renaissance) in Weiß, ø 2 mm
- 16 Rocailles in Braun, mit Silbereinzug, ø 2 mm
- 2 Ohrhaken aus Chirugenstahl

Kette

1 Die Perlen auf den Draht aufziehen, dann wie auf Seite 3 beschrieben sechs Reihen häkeln, dabei die großen Perlen einzeln einhäkeln, bei den kleineren Perlen können mehrere zusammen eingearbeitet werden. Die fertigen Reihen sollten zwischen 42 und 52 cm lang sein.

2 Die Kette gemäß der Anleitung auf Seite 3 fertig stellen und den Verschluss anbringen, siehe Seite 4, Punkt 4.

WEITERFÜHRUNG

Blütenkette

3 Wie auf Seite 5 beschrieben sieben Blüten aus Satinband herstellen. Die Blüten auf die Kette nähen. Dabei nicht gleichmäßig verteilen, sondern in Grüppchen arrangieren.

Ohrringe

1 Auf einen 20 cm langen Schmuckdraht den Tropfen fädeln und in die Mitte des Drahtes ziehen. Die restlichen Perlen gemäß der Abbildung auf die beiden Drahtenden fädeln. Dann beide Drahtenden zusammen durch die große, weiße Perle führen. Beide Enden durch die Öse des Ohrhakens fädeln, dann zurück durch die große, weiße Perle führen.

2 Den Draht festziehen und unterhalb der großen Perle mit drei Umwicklungen sichern, den Rest abschneiden.

Blau und Kuper

→ ungewöhnlich, aber edel

KETTENLÄNGE
ca. 54 cm

TECHNIK
gehäkelt, mehrsträngig

MATERIAL

- 6 Facettenrandsteine in Blau, ø 8 mm
- 8 Glas-Tropfen in Hellblau, 5 mm lang
- 25 Rocailles in Dunkelblau, transparent-frosted, ø 5 mm
- 12 Rocailles in Türkis, transparent-frosted, ø 5 mm
- 20 Glasschliff-Perlen in Schwarz, irisierend, ø 4 mm
- ¼ Teel. Rocailles in Dunkelblau, mit Silbereinzug, ø 2 mm
- ¼ Teel. Rocailles in Türkis, transparent, ø 2 mm
- Satinband in Kupfer, 1 cm breit, 50 cm lang
- Nähgarn in Kupfer
- Schmuckdraht in Kupfer, ø 0,3 mm
- 2 runde Ringel in Gold, ø 8 mm
- 2 Quetschkalotten in Gold, ø 5 mm
- Karabinerverschluss in Gold, 13 mm lang

1 Gemäß der Anleitung auf Seite 4 die Perlen einhäkeln. Die großen Perlen einzeln einhäkeln, bei den kleineren Perlen können mehrere zusammen eingearbeitet werden. Die fertigen Stränge sollten zwischen 47 und 50 cm lang sein.

2 Die Kette wie auf Seite 4 beschrieben fertig stellen, dann den Verschluss gemäß der Anleitung auf Seite 4, Punkt 3 anbringen.

3 Sieben Blüten aus Satinband herstellen (siehe Seite 5). Im vorderen Drittel auf die Drahtstränge nähen.

Zitrusfarben

→ frisch-fruchtig

KETTENLÄNGE
linke Kette ca. 52 cm
rechte Kette ca. 52 cm

TECHNIK
linke Kette: gehäkelt, einsträngig
rechte Kette: gehäkelt, mehrsträngig

MATERIAL LINKE KETTE
- 20 Glas-Wachsperlen (Renaissance) in Gelb, ø 8 mm
- 19 Glas-Tropfen in Gelb, 5 mm lang
- 50 Rocailles in Gelb, matt, ø 4,5 mm
- 38 Glas-Tropfen in Gelb, 4 x 3 mm
- 42 Rocailles in Gelb, matt, mit Silbereinzug, ø 4,5 mm
- ¼ Teel. Rocailles in Gold, mit Silbereinzug, ø 2,6 mm
- ½ Teel. Rocailles in Gelb, matt, ø 2 mm
- Schmuckdraht in Kupfer, ø 0,3 mm
- 4 runde Ringel in Gold, ø 8 mm
- Karabinerverschluss in Gold, 13 mm lang

OHRRINGE
- 8 Glas-Wachsperlen (Renaissance) in Gelb, ø 8 mm
- 6 Glas-Schliffperlen in Gelb, irisierend, ø 6 mm
- 44 Rocailles in Gelb, matt, ø 4,5 mm
- 30 Rocailles in Gelb, matt, mit Silbereinzug, ø 4,5 mm
- 10 Prismenstifte in Gold, ø 8 mm, 4 cm lang
- 2 Ohrhaken in Gold

RECHTE KETTE
- 7 Glasperlen in Gelb, matt, ø 10 mm
- 9 Frischwasserperlen in Weiß, ø 8 mm
- 14 Glas-Schliffperlen in Gelb, irisierend, ø 6 mm
- 21 Rocailles in Gelb, matt, ø 4,5 mm
- 21 Rocailles in Gelb, mit Silbereinzug, ø 4,5 mm
- 18 Glas-Tropfen in Gelb, 4 x 3 mm
- ½ Teel. Rocailles in Gelb, matt, ø 2 mm
- Schmuckdraht in Apfelgrün, ø 0,3 mm
- 2 runde Ringel in Silber, ø 8 mm
- 2 Quetschkalotten in Silber, ø 5 mm
- Karabinerverschluss in Silber, 13 mm lang

Linke Kette

1 Gemäß der Anleitung auf Seite 3 die Perlen aufziehen und zwischen den Sicherheitsnadeln fünf Reihen häkeln. Die fertigen Reihe sollten zwischen 41 und 48 cm lang sein.

2 Die großen Perlen einzeln einhäkeln, bei den kleineren Perlen können mehrere zusammen eingearbeitet werden.

3 Gemäß der Anleitung auf Seite 4 fertig stellen und den Verschluss anbringen (siehe Seite 4, Punkt 4).

WEITERFÜHRUNG

Zitrusfarben

Rechte Kette

1 Die Perlen gemäß der Anleitung auf Seite 3 auf den Draht ziehen und vier Stränge (zwischen 42 und 48 cm lang) häkeln.

2 Die großen Perlen einzeln einhäkeln, bei den kleineren Perlen können mehrere zusammen eingearbeitet werden.

3 Die fertigen Stränge gemäß der Anleitung auf Seite 4 zur Kette zusammenfügen und den Verschluss anbringen (siehe Seite 4, Punkt 3).

Hinweis: Am Beispiel dieser Ketten sehen Sie sehr schön, wie unterschiedlich fast identisch gearbeitete Ketten nur durch eine andere Drahtfarbe aussehen.

Ohrringe

Für jeden Ohrring auf fünf Prismenstifte die Perlen nach Wunsch auffädeln. Das Ende mit der Rundzange zu einer Öse biegen, alle Ösen in die Öse unten am Ohrhaken einhängen.

Kette in Rottönen

→ feurig

KETTENLÄNGE
ca. 50 cm

TECHNIK
gehäkelt, mehrsträngig

MATERIAL
- 14 Glas-Schliffperlen in Gelb, irisierend, ø 6 mm
- 60 Rocailles in Rot, matt, mit Silbereinzug, ø 4,5 mm
- 45 Rocailles in Rot, transparent, mit Silbereinzug, ø 4 mm
- 60 Rocailles in Orange, matt, ø 2,6 mm
- ½ Teel. Rocailles in Rot, matt, ø 2 mm
- 25 Glas-Tropfen in Rot, 4 x 3 mm
- Schmuckdraht in Mandarine, ø 0,3 mm (2 Rollen)
- 2 runde Ringel in Gold, ø 8 mm
- 2 Quetschkalotten in Gold, ø 5 mm
- Karabinerverschluss in Gold, 13 mm lang

1 Für diese Kette mit zwei Drahtrollen arbeiten. Nur auf einen Draht Perlen aufziehen und einhäkeln, den zweiten Draht ohne Perlen mithäkeln. Die fertigen vier Stränge sollten zwischen 35 und 46 cm lang sein. Die großen Perlen einzeln einhäkeln, bei den kleineren Perlen können mehrere zusammen eingearbeitet werden.

2 Wie auf Seite 4 beschrieben die Kette fertig stellen und den Verschluss anbringen (siehe Seite 4, Punkt 3).

3 An der fertigen Kette die doppelt gearbeiteten Stränge etwas auseinander ziehen, damit die Kette ihre luftige Anmutung erhält.

Pastelltöne

→ romantisch

KETTENLÄNGE
ca. 54 cm

TECHNIK
gehäkelt, einsträngig

MATERIAL
KETTE

- 7 Polarisperlen in Rosa, ø 14 mm
- 14 Frischwasserperlen in Weiß, ø 8 mm
- 30 Glas-Schliffperlen in Amethyst, ø 6 mm
- 18 Glas-Wachsperlen (Renaissance) in Puder, ø 6 mm
- ½ Teel. Rocailles in Kristall, matt, ø 4,5 mm
- 34 runde Swarovski®-Perlen in Rosa Chiffon, ø 4 mm
- 70 Glas-Wachsperlen (Renaissance) in Puder, ø 4 mm
- 1 Teel. Rocailles in Flieder, perlmutt, ø 2,5 mm
- ½ Teel. Rocailles in Flieder, matt, ø 2,5 mm
- Schmuckdraht in Silber, ø 0,5 mm
- 4 runde Ringel in Silber, ø 8 mm
- Karabinerverschluss in Silber, 13 mm lang

OHRRINGE

- 2 Polarisperlen in Rosa, ø 14 mm
- 2 Glas-Tropfen in Rosa, 5 mm lang
- 14 Glas-Wachsperlen (Renaissance) in Weiß, ø 6 mm
- Schmuckdraht in Braun, ø 0,3 mm
- 2 Ohrhaken aus Chirurgenstahl

Kette

1 Gemäß der Anleitung auf Seite 3 die Perlen einhäkeln. Die Maschen sollen hier besonders groß sein. Durch den festen Silberdraht gelingt dies gut.

2 Die fertigen fünf Stränge sollten zwischen 40 und 50 cm lang sein. Bei den kleineren und mittleren Perlen sollten hier auf jeden Fall mehrere zusammen in einer Masche eingehäkelt werden.

WEITERFÜHRUNG

Pastelltöne

3 Die Kette gemäß der Anleitung auf Seite 3 fertig stellen und den Verschluss anbringen (siehe Seite 4, Punkt 4).

Ohrringe

1 Auf einen 20 cm langen Schmuckdraht den Tropfen auffädeln, links und rechts von ihm je drei weiße Perlen auffädeln.

2 Die Perlen in die Mitte des Drahtes ziehen, beide Drahtenden zusammen durch eine weiße Perle fädeln. Die Polarisperle auf beide Drähte auffädeln, dann die Drähte durch die Öse des Ohrhakens und zurück durch die Polarisperle führen.

3 Den Draht nachziehen und unterhalb der Polarisperle mit zwei Umwicklungen fixieren. Den überstehenden Draht abschneiden.

„Korallen"-Kette

→ Farben wie ein Sonnenaufgang

KETTENLÄNGE
ca. 49 cm

TECHNIK
gehäkelt, mehrsträngig

MATERIAL

- 14 Glas-Schliffperlen in Hyazinth, ø 8 mm
- 15 Frischwasserperlen in Rosé, ø 8 mm
- 18 Glas-Wachsperlen (Renaissance) in Karmesin, ø 8 mm
- 35 Rocailles in Orange, satiniert, ø 5 mm
- 35 Rocailles in Orange, transparent, ø 5 mm
- 55 Glas-Wachsperlen (Renaissance) in Hellgelb, ø 4 mm
- 55 Glas-Wachsperlen (Renaissance) in Puder, ø 4 mm
- 100 Glas-Wachsperlen (Renaissance) in Karmesin, ø 4 mm
- Schmuckdraht in Mandarine, ø 0,3 mm
- 2 runde Ringel in Gold, ø 8 mm
- 2 Quetschkalotten in Gold, ø 5 mm
- Karabinerverschluss in Gold, 13 mm lang

1 Wie auf Seite 3 beschrieben die Perlen einhäkeln. Die fertigen vier Stränge sollten je 45 cm lang sein. Bei den kleineren Perlen können auch zwei bis drei in eine Masche eingearbeitet werden.

2 Die fertigen Stränge locker miteinander verschlingen, dann die Kette gemäß der Anleitung auf Seite 4 fertig stellen und den Verschluss anbringen (siehe Seite 4, Punkt 3).

Edle Ketten

→ in Violett-Tönen

KETTENLÄNGE
Kette mit Blüten ca. 54 cm
Kette in Rosa und Amethyst ca. 58 cm

TECHNIK
Kette mit Blüten: gehäkelt, mehrsträngig
Kette in Rosa und Amethyst: gedreht

MATERIAL KETTE MIT BLÜTEN

- 11 Frischwasserperlen in Weiß, ø 8 mm
- 16 Glas-Wachsperlen (Renaissance) in Flieder, ø 8 mm
- 9 Polarisperlen in Flieder, ø 8 mm
- 27 Glas-Wachsperlen (Renaissance) in Flieder, ø 6 mm
- 16 Glas-Wachsperlen (Renaissance) in Puder, ø 6 mm
- 11 Glas-Tropfen in Rosa, 5 mm lang
- 1 Teel. Rocailles in Flieder, perlmutt, ø 2,5 mm
- ½ Teel. Rocailles in Flieder, matt, ø 2,5 mm
- Satinband in Braun, 1 cm breit, 50 cm lang
- Nähgarn in Braun
- Schmuckdraht in Braun, ø 0,3 mm
- 2 runde Ringel in Gold, ø 8 mm
- 2 Quetschkalotten in Gold, ø 5 mm
- Karabinerverschluss in Gold, 13 mm lang

KETTE IN ROSA UND AMETHYST

- 8 Glas-Wachsperlen (Renaissance) in Puder, ø 12 mm
- 8 Glas-Wachsperlen (Renaissance) in Puder, ø 8 mm
- 26 runde Swarovski®-Perlen in Amethyst, ø 6 mm
- 255 Kultur-Wachsperlen, ø 3 mm
- 32 Kultur-Wachsperlen, ø 6 mm
- 7 Swarovski®-Kristall-Tropfen in Kristall, 11 mm x 5,5 mm
- Schmuckdraht in Braun, ø 0,3 mm
- 2 runde Ringel in Gold, ø 8 mm
- 2 Quetschkalotten in Gold, ø 5 mm
- Karabinerverschluss in Gold, 13 mm lang

Kette mit Blüten

1 Gemäß der Anleitung auf Seite 4 die Perlen einhäkeln. Von den Rocailles können bis zu drei in eine Masche eingehäkelt werden, die größeren Perlen einzeln einarbeiten. Die fertigen fünf Stränge sollten zwischen 40 und 50 cm lang sein.

2 Wie auf Seite 5 beschrieben sieben mokkafarbene Blüten aus je 7 cm Satinband herstellen.

3 Die Kette gemäß der Anleitung auf Seite 4 fertig stellen und den Verschluss anbringen (siehe Seite 4, Punkt 3).

4 Die Blüten mit Nähgarn verteilt an den gewünschten Stellen auf die Stränge nähen.

Kette in Rosa und Amethyst

1 Vier je 220 cm lange Drahtstücke zuschneiden und die Stränge gemäß der Anleitung auf Seite 4/5 mit Perlen bestücken.

2 Die ganz großen Perlen nur auffädeln, der Draht wird nicht verdreht. Auch die Kristalltropfen nur auffädeln, da sie bei Bewegung schön glitzern. Ganz kleine Perlen können auch in Dreiergruppen angebracht werden.

3 Die fertigen Strängen sollten zwischen 44 und 54 cm lang sein.

4 Die Kette gemäß der Anleitung auf Seite 4/5 fertig stellen und den Verschluss anbringen (siehe Seite 4, Punkt 3).

Buntes Collier

→ frisch und fruchtig

KETTENLÄNGE
ca. 44 cm

TECHNIK
gedreht, mit Schmuckstein

MATERIAL
- Schmuckstein mit Kessel zum Fädeln in Grün, ø 14 mm
- 4 Swarovski®-Schmuckelemente in Granat, Blüte, ø 15 mm
- 10 Swarovski®-Schmuckelemente in Rot, Raute, 11 mm
- 10 Glasschliff-Perlen in Capriorange, ø 6 mm
- 9 Glasperlen in Rot, ø 6 mm
- 5 Glas-Tropfen in Grün, 5 mm lang
- 10 Glas-Wachsperlen (Renaissance) in Vanille, ø 6 mm
- 40 Glas-Wachsperlen (Renaissance) in Grün, ø 4 mm
- 48 Glas-Wachsperlen (Renaissance) in Weiß, ø 4 mm
- 1/4 Teel. Glas-Tropfen in Hellgrün, 4 x 3 mm
- Schmuckdraht in Oliv, ø 0,3 mm
- 2 runde Ringel in Gold, ø 8 mm
- 2 Quetschkalotten in Gold, ø 5 mm
- Karabinerverschluss in Gold, 13 mm lang

1 Vier je 80 cm lange Drähte zuschneiden und wie auf Seite 5 beschrieben mit Perlen bestücken. Die kleinen Glas-Wachsperlen (ø 4 mm) immer wieder in Dreiergruppen zusammendrehen. Die großen und kleinen Tropfen und die Rauten nicht fixieren, sondern frei hängen lassen. Die Swarovski®-Blüten ebenfalls nicht verdrehen, sondern den Draht durch eine Ösen ziehen, auf der Rückseite der Blüten weiterführen und durch die zweite Öse nach vorne ziehen.

2 Die Kette wie auf Seite 5 beschrieben fertig stellen und den Verschluss anbringen (siehe Seite 4, Punkt 3).

Collier in Violett

→ romantisch verspielt

KETTENLÄNGE
ca. 44 cm

TECHNIK
gedreht, mit Schmuckstein

MATERIAL
- Schmuckstein mit Kessel zum Fädeln in Amethyst, ø 14 mm
- 10 Glas-Wachsperlen (Renaissance) in Puder, ø 8 mm
- 9 Glas-Wachsperlen (Renaissance) in Rosa, ø 8 mm
- 10 runde Swarovski®-Perlen in Rosa, ø 6 mm
- 13 runde Swarovski®-Perlen in Amethyst, ø 6 mm
- 4 Glas-Tropfen in Rosa, 5 mm lang
- 42 Glas-Wachsperlen (Renaissance) in Puder, ø 4 mm
- 25 runde Swarovski®-Perlen in Rosa, ø 4 mm
- 25 Swarovski®-Doppelkegel in Fuchsia, ø 4 mm
- Schmuckdraht in Braun, ø 0,3 mm
- 2 runde Ringel in Silber, ø 8 mm
- 2 Quetschkalotten in Silber, ø 5 mm
- Karabinerverschluss in Silber, 13 mm lang

1 Vier je 80 cm lange Stücke Draht zuschneiden. Die Drähte gemäß der Anleitung auf Seite 5 mit Perlen bestücken. Die kleinen Swarovski®-Perlen können separat oder in Zweier- und Dreiergruppen eingearbeitet werden. Die Perlen direkt am Glasstein werden nicht verdreht, sondern einfach nur aufgezogen, damit der Stein gut liegt.

2 Die Kette gemäß der Anleitung auf Seite 5 fertig stellen und den Verschluss anbringen (siehe Seite 4, Punkt 3).

Brosche

→ romantisch

MATERIAL

- Polarisperle in Rosa, ø 14 mm
- 8 Glas-Wachsperlen (Renaissance) in Weiß, ø 8 mm
- 85 Glas-Wachsperlen (Renaissance) in Weiß, ø 4 mm
- Nylonfaden, ø 0,25 mm, ca. 2 m lang
- ovale Broschenplatine in Silber, mit Sieb, 4 cm x 2,5 cm

1 Den Nylonfaden von unten nach oben durch das mittlere Loch des Broschensiebs führen. Die Polarisperle auffädeln, den Faden durch dasselbe Loch im Sieb zurückführen und fest verknoten.

2 Den Faden von der unteren Seite des Siebs durch ein Loch neben der Polarisperle wieder nach oben führen und eine Perle (ø 8 mm) auffädeln, durch das gleiche Loch zurück nach unten führen und festziehen. Den Faden durch das nächste Loch neben der Perle (ø 8 mm) wieder nach oben führen und eine weitere Perle aufziehen. So rundum um die Polarisperle arbeiten, bis alle Perlen (ø 8 mm) aufgezogen sind.

3 Die kleineren Perlen (ø 4 mm) genauso auf dem Sieb anbringen. Zuerst den Kreis um die Polarisperle herum, oberhalb der Perlen mit ø 8 mm, arbeiten, danach die Perlen unten anbringen. Dabei den Faden immer fest anziehen, damit sich die Perlen nicht lockern. Zum Schluss den Nylonfaden noch einmal anziehen und verknoten. Das Sieb auf die Broschenplatine legen und die Klemmen umbiegen.

Wir danken den Firmen Knorr Prandell, Lichtenfels, und Rayher Hobby GmbH, Laupheim, für die Bereitstellung von Materialien.

IMPRESSUM

FOTOS: frechverlag GmbH, 70499 Stuttgart; Fotostudio Ullrich & Co., Renningen
DRUCK: frechdruck GmbH, 70499 Stuttgart

Auflage: 5. 4. 3. 2. 1.
Jahr: 2011 2010 2009 2008 2007 [Letzte Zahlen maßgebend]

ISBN 978-3-7724-3586-7
Best.-Nr. 3586

Zur Erinnerung an diesen Sieg haben wir eine Burg errichtet. Sie sollte nach dem Todesschrei des Drachen „Gelre" heißen. Und so hieß dann auch die in der Nähe neu gegründete Stadt. Aus „Gelre" wurde später der Name Geldern, wie ihr ihn heute kennt. Und weil der Drachenkampf unter einem Mispelbaum stattgefunden hatte, haben die Gelderner später drei Mispelblüten in ihr Wappen aufgenommen.

Das zeigt auch noch einen mächtigen Löwen als Zeichen unserer Stärke. Wenn ihr gut hinschaut, seht ihr das Wappen immer wieder, zum Beispiel am Amtsgericht auf dem Nordwall, bei den Stadtwerken am Markt, am Brunnen auf der Glockengasse oder am Hallenbad.

Geldern wird eine mächtige Stadt

Die Zeit, als unsere Stadt gegründet wurde, nennen wir heute Mittelalter. Das ist schon ein paar hundert Jahre her. Nach und nach wuchs Geldern zu einer der mächtigsten Städte in der Gegend heran. Viele Einwohner wurden als Kaufleute oder Handwerker reich und konnten sich schöne Häuser leisten. Die Stadt war immer durch Kriege oder auch durch Raubritter in Gefahr. Um sich zu schützen, bauten die Gelderner eine starke Mauer um ihre Stadt.

Jetzt waren sie sicher wie in einer Burg und konnten sich deshalb „Bürger" nennen. An Stadttoren kontrollierten sie, wer die Stadt betreten durfte. Diese Stadttore sind längst verschwunden. Aber einige Straßennamen verraten uns noch, wo sie gestanden haben: Ihr kennt vielleicht das „Geldertor", das „Issumer Tor" oder das „Harttor". Und da, wo einst eine Stadtmauer und ein breiter Wassergraben Schutz boten, verlaufen jetzt die vier Wälle: Ostwall, Südwall, Westwall und Nordwall bilden noch heute einen Ring um die Innenstadt. Wie früher die Stadtmauer.

Wie wichtig es den Geldernern war, sich erfolgreich gegen Feinde zu verteidigen, sehen wir an den Kasematten: Es sind geheimnisvolle Gänge neben dem Mühlenturm, die ihr auf jeden Fall einmal erkunden müsst!

Wichard und Lupold erzählen

„Hallo! Kennt ihr uns? Wir haben euch doch schon mal hier auf dem Marktplatz gesehen! Bei der Straßenparty vielleicht? Oder war´s bei der Fahrradbörse? Oder bei den Straßenmalern? Ja, wir sollten uns wohl erst einmal vorstellen: Wir heißen Lupold und Wichard. Wir kämpfen gerade gegen den „Draak", ein schreckliches Untier. Wir sind ganz schön mutig! Und ohne uns hätte es die Stadt Geldern wahrscheinlich gar nicht gegeben. Schön, dass wir uns kennen lernen! Immer allein mit dem Drachen kämpfen - das ist auf Dauer doch langweilig! Da möchten wir euch lieber auf einem kleinen Rundgang durch die Stadt begleiten und erzählen, was es hier zu entdecken gibt. Manche Sehenswürdigkeiten versteht man allerdings erst, wenn man weiß, was hier in mehr als tausend Jahren passiert ist. Wir werden also auch erzählen, was Herzöge und Ritter, Mönche, Bürger und Bauern hier erlebt haben. Ein Stadtplan (in der Mitte des Heftes) hilft euch bei der Orientierung.

Alles begann in den Sümpfen von Pont

Ihr könnt es euch wohl kaum vorstellen, was im Jahr 879 los war: Die ganze Gegend um das heutige Geldern wurde von einem riesigen Drachen unsicher gemacht. Er verschlang alles, was sich ihm in den Weg stellte, Tiere wie Menschen. Niemand traute sich mehr auf die Straße. Ja, wir geben es zu: Auch wir hatten Angst. Aber wer anders als wir zwei jungen Ritter sollte die Menschen von dieser Plage erlösen? Das Untier hatte sich gerade unter einem Mispelbaum schlafen gelegt, als wir unsere Chance sahen. Ganz vorsichtig und leise schlichen wir näher. Unsere Herzen klopften rasend schnell und laut. Hatte der Drache es gehört? Irgendwas schien er zu ahnen. Grimmig bewegte er seinen Kopf in unsere Richtung, knurrte und fauchte. Ein Feuerschwall aus seinem Maul verbrannte die Wiese, die noch zwischen uns lag. Rauchschwaden hüllten uns ein. Da griffen wir an. Mit allem Mut, den wir aufbringen konnten, rammten wir ihm unsere Lanze in Kopf und Seite. Das wilde Tier bäumte sich auf und stieß mit letzter Kraft fauchend „Gelre, gelre, gelre" aus. Wir aber ließen nicht locker, und der Drache war besiegt.

Kasematten heißt „überdeckte Häuser". Vor über 400 Jahren wurden sie gebaut, um darin Soldaten und Munition unterzubringen. Zum Schutz vor Kanonenbeschuss hat man sie mit Erde überdeckt. Darauf standen früher einige Geschütze. Im Inneren findet ihr Schießstände und Schießscharten sowie eine Pulverkammer.

Wohl noch etwas älter als die Kasematten ist der Mühlenturm daneben. In vielen Kriegen hat er zunächst als Festungsturm mitgeholfen, unsere Stadt zu verteidigen. Das erklärt, warum er so stabil gebaut wurde. Seine Mauern sind 2,65 m dick! Vor gut 350 Jahren bekam er Flügel, dazu zwei zusätzliche Etagen, und wurde als Windmühle genutzt. Dass er insgesamt sechs Stockwerke hat, sieht man ihm von außen gar nicht an. Wenn ihr auf das Dach des 23 m hohen Turms geklettert seid, habt ihr eine wunderbare Aussicht. Zum Glück müssen wir von hier aus nicht mehr wie früher nach Feinden Ausschau halten.

Von Grafen und Herzögen

Die Stadt gehörte im Mittelalter zu einem großen Land, das erst von Grafen, dann von Herzögen regiert wurde. Und dieses Herzogtum hatte sogar denselben Namen wie unsere Stadt, nämlich „Gelre"! Es war ein sehr großes Gebiet, zu dem wichtige Städte in den Niederlanden gehörten: Roermond, Nimwegen und Arnheim zum Beispiel lagen in dem Herzogtum Gelre. Noch heute gibt es in den Niederlanden die Provinz Gelderland. Und auch wir nennen die Umgebung unserer Stadt das „Gelderland". Das zeigt, dass wir seit Jahrhunderten zusammengehören. Um sein großes Reich zu regieren, ritt der Herzog von Gelre (= Geldern) auf seinem Pferd regelmäßig von Ort zu Ort. Wenn er zu uns nach Geldern kam, übernachteten er und seine Ritter meistens in einer mächtigen Burg, die am Stadtrand stand. Heute gibt es sie leider nicht mehr. Wenn ihr wissen wollt, wo sie lag, müsst ihr auf dem Stadtplan nach der Burgstraße suchen. Übrig geblieben sind nur ein paar Steine oder Bodenfliesen, die Archäologen in der Erde entdeckt haben. Sie werden heute vom Historischen Verein und vom Stadtarchiv aufbewahrt.

Auf der Burg lebte bis 1572 auch die letzte geldrische Herzogin Elisabeth. Beerdigt wurde sie in der Sankt-Maria-Magdalena-Kirche. Ihr Grab ist nicht mehr vorhanden. Aber das Grab von Katharina, einer Schwester des Herzogs Adolph, könnt ihr heute noch besuchen. Bei ihrem Bild auf einer großen Platte aus Messing könnt ihr gut erkennen, wie die vornehme Dame gekleidet war. Achtet einmal auf die beiden kleinen Hunde, die treu zu ihren Füßen liegen!

Kirchen und Klöster

Wenn ihr in der katholischen Pfarrkirche seid, solltet ihr auf keinen Fall versäumen, euch den goldenen Reliquienschrein anzusehen. Ihr seht dann einen gut 30 cm langen, reich verzierten Kasten, in dem Überreste der Heiligen Galerus und Valenus aufbewahrt werden. Viele Jahrhunderte lang haben Menschen aus Geldern darauf gehofft, dass diese beiden Stadtheiligen sie schützen.

Die Pfarrkirche war ursprünglich auch das Gotteshaus eines Klosters. Mönche des Ordens der Karmeliter beteten und arbeiteten hier seit dem Jahr 1306. Das heutige Pastorat an der Karmeliterstraße besteht aus Resten des alten Klostergebäudes.

Auch die vier weiteren Klöster, die es in Geldern gegeben hat, gibt es heute nicht mehr. Aber wir können uns gemeinsam auf die Suche nach Spuren begeben, die übrig geblieben sind. Auch hier hilft uns der moderne Stadtplan: Habt ihr schon die Hülser-Kloster-Straße entdeckt? Wo heute die Michaelschule steht, stand früher ein Nonnenkloster. Es scheint vollständig verschwunden. Wer hier auf Spurensuche gehen will, braucht dafür einen Spaten.

Ein paar hundert Meter weiter auf der Kapuzinerstraße haben wir mehr Glück. Hier lebten bis vor 200 Jahren Mönche, die nach ihren typischen Kapuzen benannt worden sind. Und hier hat unsere Suche Erfolg: Die alte Klosterkirche steht noch. Über dem Eingang wacht Maria mit ihrem Kind.

Die Bürger Gelderns haben eine Bitte an die Muttergottes gerichtet, die zu ihren Füßen in Stein gemeißelt ist.

S(ANCTA) MARIA OR(A) PR(O)- S(ENATU) P(OPULO)Q(UE) G(ELRIENSIS). Das ist Lateinisch und bedeutet: „Heilige Maria, bitte für den Stadtrat und die Bürger Gelderns."

Ein paar Schritte entfernt, am Ostwall, lag ein Kloster, das „Nazareth" genannt wurde, wie der Geburtsort von Jesus Christus. Hier war Katharina, die edle Dame mit den beiden Hunden, Priorin, das heißt Vorsteherin. Heute befindet sich an derselben Stelle ein Teil des Berufskollegs des Kreises Kleve. Viele Menschen gehen achtlos daran vorbei. Sie wissen nicht, dass unter der Schule ein besonderer Gewölbekeller erhalten blieb: Es ist das „Refektorium".

So nennt man den Speisesaal eines Klosters. Hier könnt ihr euch fast wie im Mittelalter fühlen. Die farbigen Glasfenster zeigen das Wappen des Herzogs von Geldern und das der Stadt Geldern. Ihr wisst es schon: Es zeigt den Löwen mit den drei Mispelblüten.

Auch die Wappen anderer geldrischer Städte, wie z.B. Straelen, Wachtendonk, Goch oder Venlo, Arnheim, Nimwegen, könnt ihr hier sehen.

Wachtendonk

Straelen

Die folgende Geschichte nahm ihren Anfang im Refektorium:

Tödliche Rache für eine Ohrfeige - oder wie Geldern wieder katholisch wurde

Lange Zeit haben Nonnen im Refektorium des Klosters „Nazareth“ am Ostwall friedlich gespeist. Doch dann im Jahr 1578 besetzten niederländische Soldaten unsere Stadt. Sie führten Krieg gegen den König von Spanien. Spanien? Ja, ihr habt richtig gelesen! Geldern gehörte nämlich damals zu Spanien. Die Niederländer kämpften für die Unabhängigkeit ihres Landes. Sie wollten ihren neuen evangelischen Glauben behalten. Und die katholischen Spanier wollten genau das verhindern.

Jetzt war die Stadt auf einmal evangelisch. Das hieß damals: Die Katholiken wurden unterdrückt. Alle Nonnen wurden vertrieben. Das Kloster bewohnten Soldaten, bis im Jahr 1587 im Kloster „Nazareth“ etwas Überraschendes passierte.

Im Refektorium ließen es sich zwei hohe Offiziere an einer großen Tafel voller Speisen und Getränke gut gehen. Es waren der Offizier Martin Schenk von Nydeggen und der Schotte Aristot Patton, der Befehlshaber der Stadt. Beide waren Söldner, zogen durch Europa und kämpften für jeden, der Geld hatte.

Der Wein floss in Strömen. Der Alkohol löste die Zunge, bis alle laut durcheinander schrieen. Die Männer begannen sich zu beleidigen und zu beschimpfen. Martin Schenk und Patton stritten sich heftig. Plötzlich verpasste Martin Schenk dem Schotten eine schallende Ohrfeige.

Welche Beleidigung für den städtischen Befehlshaber! „Das wirst du mir büßen, du Hund!“ Der stolze schottische Offizier schwor heimlich Rache.

Einige Tage später schlich er sich in das Lager der spanischen Soldaten, um die Stadt Geldern zu verraten. Er tat es für ein hübsches Sümmchen Geld und versprach, in der Nacht vom 4. auf den 5. Juli 1587 heimlich das Issumer Tor öffnen zu lassen.

Die katholischen Spanier schlichen sich im Schutz der Nacht heran. Durch das offene Tor rannten sie in die Stadt. Die Einwohner wurden im Schlaf überrascht. Bevor sie reagieren konnten, hatten die Spanier Geldern erobert. Viele Gelderner wurden getötet oder ertranken bei der Flucht im Stadtgraben. Andere wurden gefangen genommen und mussten viel Geld bezahlen, um wieder freizukommen.

Martin Schenk hatte Glück, dass er zu der Stunde selbst nicht mehr in der Stadt war. Trotzdem hat er viele Pferde, Waffen und anderen wertvollen Besitz verloren. Vor allem aber hat seine Ohrfeige dazu geführt, dass unsere Stadt wieder spanisch und katholisch wurde - und es lange blieb.

Der niederländische Befehlshaber in Wachtendonk übte blutige Rache: Nur weil der Verräter ein Schotte war, ließ er alle schottischen Soldaten in seiner Stadt umbringen. Dabei hatten diese gar nichts mit dem Streit zu tun gehabt.

Den Vorraum zum Refektorium schmückt ein großes Bild, das aus Wandkacheln zusammengesetzt ist: Es zeigt uns, wie die Stadt Geldern vor ungefähr 500 Jahren aussah: mit Stadtmauer, Türmen und Toren, Kirchen, Wassergraben und Rathaus.

Wenn ihr das Stadtzentrum in östlicher Richtung verlasst, trefft ihr am Issumer Tor auf ein Haus für ältere Menschen. Es ist nach der heiligen Adelheid benannt, Tochter von Vorfahren geldrischer Herzöge. Am schönsten ist es dort, wenn die Sonne durch die großen, bunten und wertvollen Glasfenster scheint. Ihr wisst sicher auch, dass hier bis vor kurzer Zeit eine moderne katholische Kirche gestanden hat.

Gelderns evangelische Christen treffen sich ganz in der Nähe des Marktes zum Gottesdienst: Von unserem Platz am Brunnen aus hören wir beide gerne das Glockenspiel der Heilig-Geist-Kirche. Sie steht da, wo schon im Mittelalter ein Haus für Arme und Kranke und eine Herberge für Pilger standen.

Im Jahr 1735 explodierte ein mit Schießpulver gefüllter Turm am Stadtrand mit so großer Wucht, dass er mehrere Stadthäuser und die alte Kirche vom heiligen Geist zerstörte. Fünf Jahre später stand der Neubau etwa so, wie wir ihn heute noch bewundern können.

Wenn wir wissen wollen, woher der Wind weht, schauen wir auf die Kirchturmspitze:

Ein Engel auf einem großen Kreuz zeigt uns die Himmelsrichtungen.

Ein Treffpunkt für Menschen aus nah und fern

Dass Geldern und das Gelderland besondere Reichtümer und Sehenswürdigkeiten besitzen, hat sich schon vor vielen Jahrhunderten überall herumgesprochen. So kam es, dass unsere Stadt im Laufe der Geschichte immer wieder von Menschen aus anderen Ländern Besuch erhielt. Die meisten von ihnen kamen in friedlicher Absicht, als Händler oder als Touristen, manche allerdings auch als Feinde, um die Stadt zu belagern und zu erobern. Weil Geldern duch Mauern, Türme, Wassergräben und große Erdwälle geschützt war, hat sie viele Jahrhunderte lang alle feindlichen Heere abwehren können. Erst im Jahre 1703 waren die Kanonen der Preußen so stark, dass die Bewohner ihren Widerstand nach monatelanger Belagerung aufgeben mussten. Noch heute finden Baggerführer und Archäologen in der Innenstadt dicke eiserne Kanonenkugeln, wenn z.B. Kellerschächte ausgehoben werden. Vielleicht fragt ihr in Gelderns Archiven, die für uns die Geschichte aufbewahren, einmal nach, ob ihr eine solche Eisenkugel in die Hand nehmen dürft! Habt keine Angst: Das Schießpulver ist aus diesen Kugeln mittlerweile entfernt worden.

Schon lange vor den Preußen und noch bevor unsere Stadt gegründet wurde, waren römische Soldaten hier. Nahe dem Dorf Pont hatten sie ein Militärlager. In den folgenden Jahrhunderten kamen Niederländer, Spanier und Franzosen an den Niederrhein.

Viele Geschichten könnten wir euch erzählen, zum Beispiel über einen Kanal, mit dem die Spanier vor 400 Jahren Rhein und Maas verbinden wollten und der durch unseren Stadtgraben führte. Er ist nicht ganz fertig geworden. Doch Reste davon könnt ihr bei Fahrradtouren rund um Geldern finden. Der Kanal heißt „Fossa Eugeniana“ und ist benannt nach der spanischen Prinzessin Isabella Klara Eugenia, die unser Land von Brüssel aus verwaltete.

Oder wir könnten euch davon erzählen, dass vor 200 Jahren, als die Gelderner sogar einmal Bürger Frankreichs waren, die schnurgeraden Straßen gebaut wurden, die uns heute noch nach Issum und Straelen führen. Tausende von Soldaten des Kaisers Napoleon sind darüber maschiert. Sehr viele einheimische Bauern wurden damals und auch in den Jahrhunderten davor zum Militärdienst gezwungen und mussten mitmarschieren. Die meisten wären aber wohl lieber weiter mit ihren Esels- und Pferdekarren losgezogen, als ihr Leben im Krieg zu riskieren. Aber das sind für unseren kurzen Stadtrundgang zu lange Geschichten ...

Stadtplan Geldern
Veert
Nordwall
Hülser-Kloster-Str.
Issum
Hartstr.
Westwall
Karmeliterstr.
Markt
Glockengasse
Burgstr.
Westwall
Bahnhofstr.
Südwall
Straelen / Walbeck
1
2
3
4
5
6
12
13
14
15

Wenn ihr in diese Richtung weitergeht, findet ihr die Villa von Eerde und das Haus mit den neun Treppengiebeln.
Noch ein Stück weiter liegt der alte jüdische Friedhof.

1. Maria-Magdalena-Kirche
2. Pastorat
3. Drachenbrunnen
4. Marktplatz
5. Dä Geldersche Wend
6. Heilig-Geist-Kirche
7. Kapuzinerkirche
8. Refektorium
9. Haus Nr. 30
10. Mühlenturm
11. Kasematten
12. Brunnen
13. Blaue Figuren
14. Gedenkstein für die Synagoge
15. Standort der früheren Burg

Lieber erzählen wir davon, dass da, wo wir jetzt stehen, also auf dem Markt, immer etwas Besonderes geschah. Hier kreuzten sich die Straßen von Ost, West, Nord und Süd. Händler aus fernen Ländern boten Seide oder Gewürze an. Bauern aus Vernum oder Walbeck verkauften auf dem Wochenmarkt ihr Obst und Gemüse. Schön, dass auch heute noch zweimal in der Woche dieses bunte Treiben vor unseren Augen stattfindet!

Seit 1863 kamen unsere Gäste auch mit der Eisenbahn. Für die Gelderner bedeutete das umgekehrt, dass sie nun nicht mehr nur mit der Postkutsche, sondern bequem im Zugabteil verreisen konnten. Auswärtige Arbeitsplätze, z.B. in Krefeld, waren seitdem leichter erreichbar.

Heutzutage strömen besonders viele Besucher in die Stadt, wenn die große Pfingstkirmes gefeiert wird oder wenn Kreidekünstler sich zum Internationalen Straßenmalerwettbewerb treffen.

Häuser erzählen Geschichten

Ihr wisst: Jede Stadt hat ein Rathaus. Unser Rathaus stand bis 1945 auf der Mitte des heutigen Marktplatzes. Da, wo es bis 1945 stand, ist jetzt nichts - eine große, leere Fläche. Nach der Zerstörung im Zweiten Weltkrieg hat man es nicht wieder aufgebaut. Auch viele andere prächtige Gebäude der alten Stadt Geldern gibt es heute nicht mehr. Am Aschermittwoch 1945, kurz vor Ende des Krieges, wurden sie bombardiert. Das heutige Rathaus liegt am Issumer Tor. Es heißt Villa von Eerde. Und das erinnert an den ersten Bewohner des prächtigen Hauses: Es war der „königliche Landrat" Georg von Eerde.

Als wichtigster Mann im damaligen Kreis Geldern ließ er sich vor 150 Jahren ein Haus bauen, das wie eine englische Burg aussehen sollte, mit Türmen und Zinnen. Und damit jeder damals und in Zukunft wissen sollte, wer dort gewohnt hat, ließ der Landrat an der Außenmauer sein eigenes Wappen und das seiner Frau Auguste anbringen. Heutzutage treffen sich in dem alten Gebäude die Politiker der Stadt. Auch Menschen, die heiraten wollen. Sie gehen zum Standesamt. Und wer etwas über die Geschichte wissen möchte, ist im Stadtarchiv willkommen.

Viele alte Gemälde hängen in der Villa und erzählen den Besuchern von der Vergangenheit. Auf einem Bild sind sogar wir, Wichard und Lupold, zu sehen, wie wir gerade den Drachen besiegen. Der alte Garten des Ehepaars von Eerde ist heute Stadtpark. Viele Bäume sind so alt wie deren Haus. Wenn die erzählen könnten!

An der großen Kreuzung, noch in Sichtweite vom Rathaus, fällt euch vielleicht ein Gebäude mit einem Treppengiebel auf. Neun Stufen führen an den Seiten bis zur Dachspitze. Wenn man weiß, dass es früher ein Gymnasium war, kann man vielleicht erraten, was die Zahl 9 bedeutet:

Sie sollte die neun Klassen, die jeder Schüler bis zum Abitur durchlaufen musste, darstellen. Wo früher Mathematik, Englisch oder Latein gelernt wurde, finden wir heute das Straßenverkehrsamt, das Gesundheitsamt und das Kreisarchiv mit dem Büro des Historischen Vereins.

Hier bewahren Archivarinnen alles auf, was an die vielen Ereignisse in der Geschichte des Gelderlandes, aber auch des Kleverlandes erinnert:
Dort könnt ihr alte Fotos, Filme, Münzen, Bücher, Zeitungen oder Gemälde finden.
Neugierige Besucher sind immer gern gesehene Gäste.

Ja, wenn Häuser wirklich Geschichten erzählen könnten! Dann würden sie sich vielleicht so vorstellen: „Guten Tag, ich heiße altes königliches Magazin. Ich stehe hier am Ostwall Nr. 30 schon bald 300 Jahre. Riesige Mengen Salz wurden in meinen Mauern aufbewahrt. Denn nur der Staat durfte dieses wertvolle Produkt verkaufen. Alle Gelderner brauchten es, zum Beispiel um Fleisch und Gemüse haltbar zu machen, und mussten es hier bei mir kaufen. Auch eine Hutfabrik hatte ich mal bei mir zu Gast. Ich diente als Zeughaus, das ist ein Gebäude, in dem Waffen und Munition gelagert wurden. Ich war auch ein Forstamt, Polizeigebäude, Teil der Stadtverwaltung und besonders lange Arbeitsamt. Zurzeit arbeiten bei mir Rechtsanwälte, Steuerberater und eine Krankenkasse. Wer weiß, wen ich in den nächsten Jahrhunderten noch alles kennen lernen werde!"

Erinnerungen an eine Zeit des Unrechts

Ja, wir, die Drachentöter, haben beim Bau vieler wunderschöner Häuser in Geldern zugesehen. Eine ganze Reihe von ihnen gibt es nicht mehr, weil sie in Kriegen zerstört worden sind. Ein besonders schönes aber ist mutwillig in Brand gesteckt worden. Und einige Bewohner der Stadt haben dabei mitgeholfen. Wir meinen das Gotteshaus der jüdischen Gemeinde am Nordwall, die Synagoge.

Es war 1938. Viele Gelderner Bürger waren Anhänger der Gewaltherrschaft der Nazis, von der ihr bestimmt schon gehört habt. Sie haben ihren jüdischen Nachbarn und Mitbewohnern die Schuld für all ihre Probleme geben wollen. Nach der Zerstörung der Synagoge wurden Gelderns Juden aus der Stadt vertrieben. Viele wurden in sogenannten Konzentrationslagern getötet. Damit das nicht vergessen wird, erinnert ein Gedenkstein gegenüber dem ehemaligen Standort der Synagoge an dieses große Unrecht.

Der mehr als 140 Jahre alte Friedhof der jüdischen Gelderner liegt am Boeckelter Weg. Schon von der Straße aus könnt ihr einige alte Grabsteine gut erkennen. Wenn ihr diesen Begräbnisplatz einmal besuchen möchtet, müsst ihr euch in der Stadtverwaltung einen Schlüssel besorgen.

Von gelderschen Wind, Originalen und Löwen

Wir, Lupold und Wichard, sind nicht die einzigen Figuren, die immer in der Innenstadt zu sehen sind und die alle Menschen, die Geldern besuchen, willkommen heißen. Zum Schluss möchten wir euch ein paar unserer Mitbewohner persönlich vorstellen:

Eine hübsche, junge Frau auf dem Markt ist fast unsere Nachbarin. Wir nennen sie „Marilyn". Aber das ist nicht ihr wirklicher Name. Sie heißt „Dä Geldersche Wend". Und dass sie voll im Wind steht, kann man sehen: Es zieht so sehr, dass ihr Rock hoch fliegt. Und ihren Hut kann sie nur mit Mühe festhalten. Was ist das für ein Mädchen?

Et träckt so van onder-
Eck glöv ganz bestemmt:
Van Daag es an´t waije
dä Geldersche wend!

Früher wurden die Gelderner, weil sie in einer so berühmten Stadt wohnten, von ihren Nachbarn in Straelen oder Kevelaer beneidet und deshalb manchmal als Angeber oder Besserwisser angesehen. Was man sich in der damaligen Kreisstadt Geldern ausdachte, verspotteten sie als „gelderschen Wind". Heute würden wir sagen: als „ heiße Luft". Wir beiden finden die junge Frau aber trotzdem sehr nett und sind stolz, dass wir ihre Freunde sind.

Wenn ihr mehr wissen wollt: Besucht sie mal! Vielleicht hört ihr, wenn der Wind über den langen Markt pfeift, etwas von den alten Geschichten … Auf jeden Fall könnt ihr zu ihren Füßen etwas über sie lesen. Dazu gehört ein Lied in einer für uns heute fast fremden Sprache. Es ist Dialekt, auch „Platt" genannt. Früher haben fast alle hier bei uns so gesprochen, heute nur noch wenige. Probiert es mal aus: Vielleicht könnt ihr etwas von den vier Zeilen zu ihren Füßen verstehen?

Auf der Issumer Straße, auch noch fast in Sichtweite von uns, erinnert ein kleiner Brunnen in Form eines umgedrehten Zylinderhuts an vier Menschen, die „Originale" genannt wurden. Diese vier haben vor gut 100 Jahren wirklich gelebt. Und weil sie irgendwie anders als die meisten Gelderner waren, sind sie besonders aufgefallen. Und sie sind auch noch nach ihrem Tod in Erinnerung geblieben.

Einer von ihnen hieß Theodor Heuvels, aber fast alle nannten ihn nur „Tutemanes". Er führte eine Gastwirtschaft am Markt und war wegen seiner lustigen Ideen sehr beliebt. Eines Tages sollte er eine Strafe bezahlen, weil er das Gras, das zwischen den Steinen vor seinem Haus wuchs, nicht entfernt hatte. Das ärgerte ihn. Denn auch vor dem Rathaus wuchs Gras. Tutemanes kaufte eine Ziege, ließ sie vor dem Fenster des Bürgermeisters weiden und rief immerzu: *Frät, Geit* (friss Ziege), *fråt, sonst kriegst du een Protokoll*. Seht ihr, wie sich der pfiffige Gastwirt nach der Ziege umdreht? Und könnt ihr die Kopfbedeckung des Tiers erkennen? Es ist eine „Pickelhaube", wie sie damals Polizisten und Soldaten trugen. Auch über die hat sich unser Tutemanes lustig gemacht!

„Spül-Leen", die einzige Frau auf der Hutkrempe, hat in der Webergasse gewohnt. Sie war sehr arm, hatte wie viele Menschen vor 100 Jahren kein fließendes Wasser zu Hause und musste ihr Geschirr draußen am Brunnen spülen. Immer wieder wurde sie dabei von Kindern geärgert. *Leen, dor sett enne Keckvorsch in de Kann* (Lene, da sitzt ein Frosch in der Kanne), riefen sie ihr zum Beispiel zu. Und die arme Frau glaubte, ihre Teller, Tassen und Töpfe immer wieder neu reinigen zu müssen.

Leen, dor sett enne Keckvorsch in de Kann.

Auch „Marälle Köbes", der eigentlich Jakob Kürwers hieß, wurde oft ein Opfer von Kindern, die ihren Spaß mit ihm trieben. *Köbes, wat fräten de Kreije?* (Jakob, was fressen die Krähen?), haben sie ihn immer wieder gefragt. *Marälle* (Sauerkirschen) hat er dann wohl tausendmal geantwortet.

Köbes, wat fräten de Kreije?

„Thei Piepenül" dagegen, den Herrn mit Frack, Pfeife und Holzschuhen, konnten keine frechen Kinder aus der Ruhe bringen. Er beobachtete genau, was in der Stadt vor sich ging, gab seinen Kommentar dazu, ließ andere arbeiten und machte sich einen schönen Tag.

Habt ihr eigentlich schon den König der Tiere entdeckt? Löwen gibt es bei uns schon seit Hunderten von Jahren. Wir müssen allerdings zugeben, dass es nie echte waren. Gelderns mittelalterliche Ritter trugen ein Löwenwappen. Sie wollten damit allen zeigen, wie stark und mutig sie waren, so wie wir, Lupold und Wichard.

Daran erinnert die Löwin, die auf einem Sockel über unseren Köpfen wacht. Und auf der Hartstraße liegen zwei steinerne Löwen auf der Lauer. Es sieht so aus, als ob sie eine bunte Gesellschaft von ganz verschiedenen Menschen beschützen wollen. Die bunten Menschen, das sind wir in Geldern - Junge und Alte, Männer und Frauen, hier Geborene und Zugezogene, Katholiken, Evangelische, Juden oder Muslime.

Gut zu wissen, dass die Löwen auf uns alle aufpassen!

Ein paar Ausflugstipps in die Umgebung

Zu uns und zur Stadt Geldern gehören übrigens auch einige Ortschaften. Das zeigt ein Brunnen auf der Glockengasse: Ihn schmücken nämlich außer zwei Kindern die Wappen von Walbeck, Pont, Vernum, Kapellen und Veert. Diese früher selbstständigen Gemeinden wurden 1969 mit dem alten Stadtgebiet zu der neuen Stadt Geldern vereinigt.

Heute gehören zu uns acht Ortschaften: Geldern, Veert, Hartefeld, Kapellen, Lüllingen, Pont, Vernum und Walbeck.

Geldern

Pont

Walbeck

Vernum

Veert

Kapellen

Die Gelderner Ortschaften könnt ihr leicht mit dem Fahrrad erreichen. Es gibt sogar eine „Geldern-Route", die alle miteinander verbindet. Viele Strecken sind auch für Inlineskater gut geeignet. Wenn ihr mal nach Walbeck kommt, könnt ihr die alte Steprather Windmühle besuchen und dort sogar dem Müller bei der Arbeit zusehen. Und danach solltet ihr euch Zeit für das große Waldfreibad nehmen.

Nicht weit von Walbeck, das als „Spargeldorf" bekannt ist, liegt Lüllingen, unsere kleinste Ortschaft. Unter Glas wachsen hier jedes Jahr Millionen von Blumen, die in vielen Ländern verkauft werden. Vielleicht habt ihr das Glück, mal einem Gärtner bei der Arbeit in den großen Gewächshäusern zusehen zu dürfen.

Und wenn ihr schon in der Nähe von Kevelaer seid, solltet ihr euch unbedingt das Zentrum der Marienwallfahrt mit seinen prächtigen Kirchen und Kapellen ansehen. Auch das Niederrheinsche Museum mit einer riesigen Spielzeugsammlung ist immer einen Besuch wert.

Die Sportliebhaber unter euch könnten mal Paddeltouren auf der Niers versuchen (besonders schön sind sie bei Weeze!). An vielen Stellen kann man sich Kanus und Paddelboote ausleihen.

Wer Pferde mag, findet einige Reiterhöfe für Kinder. Und so viele Burgen und Schlösser wie bei uns an der Niers gibt es auch nicht überall zu sehen.

Langeweile muss es in Geldern und seiner Umgegend nicht geben. Wir sind sicher, dass ihr das Richtige für euch findet. Schön, dass ihr uns auf dem Weg durch Geldern gefolgt seid!
Bitte besucht uns doch mal wieder an unserem Brunnen auf dem Marktplatz, und erzählt anderen Menschen von uns und unserer alten Stadt!

Alles Gute für euch!"

Wenn ihr noch mehr machen wollt

Puzzeln …

Den Kampf von Wichard und Lupold mit dem Drachen gibt es auch als Puzzle mit 500 Teilen. Zu sehen ist das alte Gemälde aus der Villa von Eerde. Und auf der Rückseite findet ihr eine Landkarte mit dem großen Herzogtum Geldern. Doppelter Puzzelspaß also!
Ihr bekommt es für 9,90 € im Buchhandel oder im Kreisarchiv.

Basteln …

Mit einem Bastelbogen, den der Historische Verein für Geldern und Umgegend erstellt hat, könnt ihr ein Modell der mittelalterlichen Burg der Gelderner Herzöge bauen (2 Euro).

Zeichnen …

Auf Seite 32 findet ihr eine Punktzeichnung. Verbindet die Zahlen miteinander, und ihr werdet eine Entdeckung machen.

Hören …

Das spannende Hörspiel „Von Herzögen, Wundern und Soldaten. Geschichte und Geschichten aus dem Gelderland“ gibt es zum Preis von 10 Euro beim Historischen Verein.

Lesen …

Vieles könnt ihr in der Öffentlichen Bücherei an der Maria-Magdalena-Kirche finden, zum Beispiel die folgenden Bücher:

Heinz Bosch: Illustrierte Geschichte der Stadt Geldern 1848-1969, 2 Bände, Geldern 1994 und 1998.
Hermann Beckers (u.a): Das Herzogtum Geldern. Ein grenzüberschreitendes Geschichtsbuch für Schule, Museum und Archiv. Schülerband, Geldern 2002.
Stefan Frankewitz: Die Denkmäler der Stadt Geldern, Geldern 2001.

Nützliche Adressen

Stadtverwaltung
Issumer Tor 36
47608 Geldern
Tel: 02831 - 3980
www.geldern.de

Historischer Verein für Geldern und Umgegend
Boeckelter Weg 2
47608 Geldern
Tel: 02831 - 391 814
www.hv-geldern.de

Katholische Öffentliche Bücherei
Kirchplatz 2
47608 Geldern

Parkbad Gelderland
Friedrich-Spee-Straße
47608 Geldern

Waldfreibad Walbeck
Am Freibad
47608 Geldern
Tel: 02831 - 4964
www.waldfreibad-walbeck.de

Niederrheinisches Museum für Volkskunde und Kulturgeschichte
Hauptstraße 18
47623 Kevelaer
Tel: 02832 - 954 10
www.niederrheinisches-museum-kevelaer.de

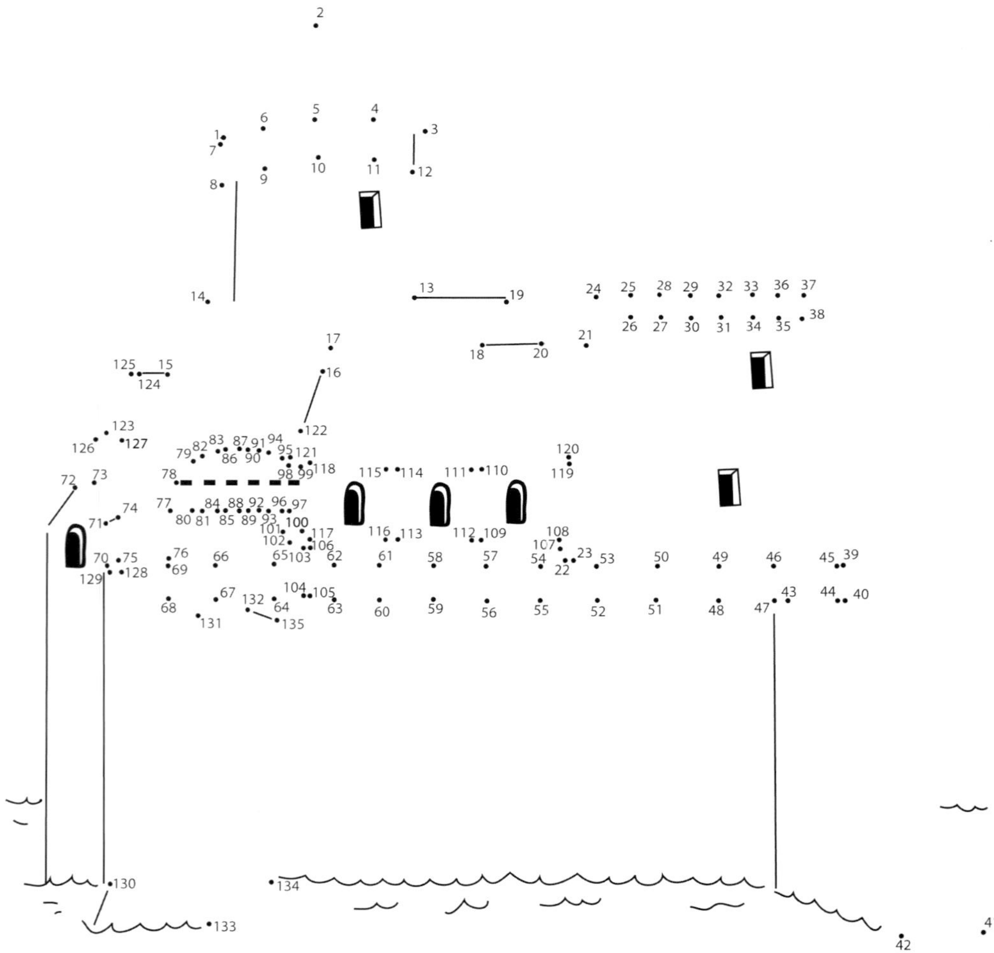

Wenn ihr die Punkte von 1 bis 135 sorgfältig verbindet, werdet ihr ein Gebäude sehen, das einmal in Geldern stand.

Viel Spaß beim Zeichnen!